APOCALIPSE

Opinião pública e opinião publicada

Michel Maffesoli

APOCALIPSE

Opinião Pública
e Opinião Publicada

Tradução
Andrei Netto
Antoine Bollinger

Editora Sulina

Título original: *Apocalypse*
Tradução: *Andrei Netto e Antoine Bollinger*

Capa: *Letícia Lampert*

Projeto Gráfico: *Daniel Ferreira da Silva*

Revisão: *Gabriela Koza e Mariane Farias*

Editor: *Luis Gomes*

Dados Internacionais de Catalogação na Publicação (cip)
Bibliotecária Responsável: Denise Mari de Andrade Souza CRB 10/960

M187a Maffesoli, Michel
Apocalipse: opinião pública e opinião publicada / Michel Maffesoli; tradução de Andrei Neto e Antoine Bollinger. -- Porto Alegre: Sulina, 2010.
78 p.

Tradução de: Apocalypse
ISBN: 978-85-205-0540-3

1. Sociologia. 2. Meios de Comunicação. 3. Mídia. 4. Opinião Pública. I. Título.

CDD: 301
302.2
CDU: 316
316.654

Av. Osvaldo Aranha, 440 cj. 101
Cep: 90035-190 Porto Alegre-RS
Tel: (051) 3311-4082
Fax: (051) 3264-4194
www.editorasulina.com.br
e-mail: sulina@editorasulina.com.br

{Abril/2010}

Impresso no Brasil/Printed in Brazil

Sumário

Opinião pública/opinião publicada, 9

Tribos pós-modernas, 35

Rumo à guerra civil?, 61

Helenae consorti dicatum

"... um pensamento perigoso
está sempre a perigo"
Gottfried Benn

Opinião pública/opinião publicada

A confusão das palavras acaba sempre acarretando a das coisas. A literatura e a experiência cotidiana mostram como tudo acaba, rapidamente, na confusão dos sentimentos, ou seja, dos modos de vida. Assim, nos períodos de mudança é urgente encontrar palavras, senão absolutamente precisas, ao menos o menos falsas possível. Palavras que, pouco a pouco, (re)tornam-se expressões fundadoras: ou seja, asseguram a base do "estar-junto" emergente.

Entre todas as banalidades que devem ser lembradas, está a de que estamos às portas de uma nova era. E é inútil querer remendar as ideologias elaboradas nos séculos XVIII e XIX e pelas quais fomos contaminados. Sim, é preciso mexer nas ideias ranzinzas, rejeitar as análises prontas e um tanto sem graça. Em resumo, abrir os olhos.

Mas sempre sabendo que isso nunca é fácil, pois o que Durkheim chamava, corretamente, de "conformismo lógico" é muito difundido, favorecendo a preguiça intelectual e as diversas formas de inquisição produzidas em todas as épocas por um instinto de proteção, que faz preferir o fechamento dogmático à amplidão dos pensamentos elevados.

Não é fácil porque, especialmente em nossa época, confundimos opinião pública com opinião publicada. A publicada é realmente uma *opinião*, mas pretende ser um saber, *expertise* ou até mesmo ciência, enquanto que a pública tem consciência da sua fragilidade, da sua versatilidade, logo da sua humanidade. Seria isso que Maquiavel chamava "o pensamento da praça pública"?

Considero conveniente ficar o mais perto possível da última. Seguir perto de um *real* que não é, simplesmente, o *princípio da realidade*, sufocador permanente de todas as audácias existenciais. A “opinião publicada” continua a martelar algumas ideias convencionais, lugares comuns e outras tagarelices baseadas em bons sentimentos.

Mas ela é fácil de engolir e convém à midiocracia acomodada em uma mediocridade generalizada. Ela se esforça para impor o silêncio nas fileiras a fim de que cada um possa avançar em passo cadenciado. Silêncio, nós estamos ronronando!

Na corte dos imperadores bizantinos existiam os *silenciadores* oficiais. Eles tinham por função calar os perturbadores da ordem a fim de fazer reinar o pensamento único estabelecido. Traduzindo para termos contemporâneos, trata-se da conspiração do silêncio, que descarta, furtivamente, todas as análises que lembram que não saberíamos reduzir o grande *desejo* de viver, em seu aspecto qualitativo, à mesquinha *necessidade*, em seus limites quantitativos.

Recordemos aqui da sabedoria imemorial da qual Virgilio se fazia eco lembrando: “*Mag-*

nus ab integro saeculorum nascitur ordo". Sim, a grande ordem dos séculos nasce sob novas bases. Há um retorno periódico dessas *bases* primeiras que, em nosso progressismo nativo e ingênuo, acreditávamos ultrapassadas. E é isso, evidentemente, que convém pensar: em certos momentos, há retorno à origem através do original.

Há diversas palavras, mais ou menos adequadamente empregadas, que dão conta da necessidade de retornar ao que fundamenta o vínculo social. É o caso de "crise". Eis um termo usado para tudo, do discurso político ao artigo jornalístico, e que ouvimos frequentemente em conversas do Café du Commerce[1].

Depressão econômica, distúrbios morais ou físicos, situação tensa no campo político ou institucional. Poderíamos multiplicar sem

---

[1] Café du Commerce é um tradicional restaurante parisiense datado de 1921, ponto de encontro de uma elite intelectual formada por jornalistas e políticos franceses. [N.T.]

dificuldades as definições e os campos de aplicação desse misterioso ectoplasma que é a crise. Eu diria que por meio desse termo descreve-se a necessidade do periódico retorno "*ad integrum*", retorno aos fundamentos, ao fundamental. Em certos momentos, uma sociedade não tem mais consciência do que a une e, a partir de então, não tem mais confiança nos valores que asseguravam a solidez do vínculo social. Pensemos neste exemplo simples, a evidência amorosa, ou amigável, que se degrada. Sem que saibamos bem por quê. Por usura. Por fadiga. E são todos os elementos que constituem essa relação amorosa ou amigável que, de repente, desabam.

A crise acontece quando não podemos mais dizer, como afirmava Montaigne, explicando sua amizade por La Boétie: "É porque era ele, é porque era eu"[2].

---

[2] Do original francês, "C'est parce que c'était lui, c'est parce que c'était moi". [N.T.]

Encontramos tal processo em várias áreas: física, psicológica, espiritual, cultural, afetiva. Ele está em momentos nos quais, após uma aceleração, e mesmo uma intensificação da energia, o corpo (físico, social, individual, místico) atinge seu apogeu. O qual, por um curioso paradoxo, se inverte em hipogeu. Retorno ao subterrâneo, retorno à tumba, símbolos de uma construção futura.

Assim, quanto ao que nos interessa aqui, quando uma civilização deu o melhor dela mesma, ela sente a necessidade de retornar a sua fonte. Ela se inverte em *cultura.*

Na atual confusão dos espíritos, essas palavras são utilizadas, indiferentemente, uma pela outra. No entanto, para resumir, a civilização é a maneira de despender, talvez de dilapidar, o tesouro cultural, que é, ao mesmo tempo, o *fundamento* e *os fundos* que garantem, *stricto sensu*, a vida social e permitem, além ou aquém das vicissitudes da existência, o estar-junto fundamental.

O choque amoroso é cultural, a união conjugal, civilização. O estado nascente é, em todos os domínios, o que faz a cultura de um povo. A seguir, vem a rotina política, filosófica, organizacional. O que era gênesis, juventude vivaz e espontânea, se enrijece em instituição. A flexibilidade existencial se esclerosa e a vitalidade se inverte em desejo de morte. O felino vigoroso passa a se parecer com um gato doméstico castrado que, privado de sua *libido,* acumula gordura ruim.

Há, a partir de então, no melhor dos casos, algo que leva a um sobressalto. Em outras palavras, a época espera seu próprio *apocalipse*.

É claro que não se deve dar a esse termo um significado tão dramático, ou melodramático. Drama ou melodrama são, não esqueçamos, uma continuação incoerente de situações imprevistas, de peripécias imprevisíveis. Não, o apocalipse, no sentido mais próximo de sua acepção inicial/original[3], é o que evoca a *revelação* das coisas.

Logo, ele não é incoerente. Mas *incoativo* ao exprimir o necessário recomeço do que está esclerosado. A finalização do que estava latente. É o que devolve força e vigor às instituições desfalecidas. Eu disse sobressalto, mas poderíamos dizer surreal, ou seja, um plus de vida a uma realidade que a civilização *burguesista* reduziu ao mesquinho utilitarismo de um mundo quantitativo.

Calipso era uma ninfa de beleza singular, que se tornava mais atraente por viver retirada. O fato de ela ter sido feiticeira não diminui em nada seu charme. Ao contrário. Ao se esconder, misteriosa, ela era, para usarmos termos empregados acima, *o fundamento* e *os fundos*. Algo em potencial, à espera da sua atualização. Em resumo, não há revelação se não há ocultação. Não há aparecimento se não há

---

[3] Jogo de palavras do francês: "originel/original". [N.T.]

escondido. E às vezes esse oculto é essencial.

É assim que se deve compreender o apocalipse: o que revela o oculto. O que torna aparente o segredo do estar-junto. O que, além das representações às quais nós estamos habituados demais, presentifica, *apresenta* o que está lá, indubitável, irrefutável, intangível.

Podem ser os arquétipos de C.G. Jung, os *resíduos* de Vilfredo Paredo, as *estruturas* de Lévis-Strauss, as *características essenciais* de Durkheim, pouco importam as noções, basta que estejamos atentos aos códigos que servem de base à toda vida social. É isso, estritamente, um *pensamento apocalíptico,* revelador do que está aí, mas que tendíamos a esquecer. Estar aí. Simplesmente estar.

Sinais, agora irrefutáveis, estão aparecendo no céu da sociedade. Não podemos mais ignorá-los, visto que tendem a se realizar. Esses sinais se enraízam aqui na terra. Porque é este mundo, e não um outro por vir, que é o problema primordial da sociedade pós-moderna.

Segundo um adágio da sabedoria popular citado, ao longo do tempo, por vários pensadores, é preciso olhar muito para trás para ver muito à frente[4]. E observar a germinação permite compreender sua floração. É assim que o espírito romântico do século XIX, ignorando o utilitarismo, sem fazer nenhum esforço de adaptação social, pode esclarecer *este romantismo da terra* que em nossos dias toma as formas mais diversas possíveis.

Romantismo que se expressa no apego ao território, na importância do localismo, na atenção aos produtos da terra, aos alimentos biológicos. Em síntese, na sensibilidade ecológica. Romantismo da terra no que ele tem de sentimento ctônico. De uma forma confusa, sentimo-nos autóctones, pertencendo, para o bem ou para o mal, a esta terra aqui.

---

[4] Do original francês: "*Il faut voir loin en arrière pour voir loin en avant*". [N.T.]

Ao contrário de diversos transcendentalismos que a tradição ocidental produziu, sejam eles religiosos (a Cidade de Deus) ou políticos (a sociedade perfeita, *les lendemains qui chantent*[5]), o problema pagão deste mundo traduz um profundo imanentismo, a importância conferida ao fato de estar aí com todas as consequências que isso não deixa de ter. Claro, a mais importante é certamente o foco no presente.

Eu já analisei o *presenteísmo* há muito tempo, reatualizando o *carpe diem* de antiga memória e traduzindo um hedonismo difuso fácil de condenar, esquecendo que ele fez nascer grandes culturas. Mas é certo que privilegiar o presente, o que é próprio da experiência vivida, em particular para as novas gerações, tem pouco a ver com a ideologia *do projeto* que continua a

---

[5] Tradução literal em português: "Os amanhãs que cantam". Expressão francesa que designa o otimismo em relação ao futuro. [N.T.]

ser o sésamo das mais diversas instituições sociais.

É tendo em mente a predominância do instante, de um *instante eterno*, que nós podemos entender uma outra germinação importante, que privilegia o estético.

Essa germinação pode ser compreendida em sentido literal como o que presta atenção à beleza do mundo. Logo, à beleza das coisas. São muitos os exemplos que ilustram isso. Basta lembrar o que significa, simbolicamente, a emergência do *design* no início dos anos 50. O objeto cotidiano, preservando sua funcionalidade, é vestido, decorado, passando a significar o obscuro desejo de que todos os momentos da existência se inscrevam em um perpétuo domingo da vida.

Eu poderia lembrar, e todos os museus folclóricos, antropológicos ou *de artes primitivas* são testemunhas disso, que nas sociedades pré-modernas os objetos da vida cotidiana tinham uma sacralidade própria. Pedaços de mundo, elas se beneficiavam da sua *aura*. Eram tratados com precaução, até mesmo respeito, e isso se exprimia por sua beleza intrínseca.

É o que reaparece na preocupação com a beleza que vamos reencontrar nos objetos caseiros, na organização do espaço, na multiplicidade das revistas e lojas consagradas às "*arts déco*". Há frivolidade no ar. Mas corre o risco de ser frívolo aquele que não se interessa por ela. Porque é frequente nas histórias humanas que a superfície das coisas torne-se primordial.

Logo, não é mais o *desenvolvimentismo* que prevalece, mas sim um *envolvimentismo*. O estético, nesse sentido, consiste em aproveitar esta terra e não mais em violentá-la a qualquer custo. Se eu tivesse de retomar aqui uma expressão que propus para entender os mistérios da pós-modernidade, seria uma *ética do estético* que está em gestação. Estritamente é um vínculo que se elabora a partir do compartilhamento da beleza e das emoções que ela não deixa de provocar.

O *ethos* é justamente feito de o fato de usos e de costumes originados em um lugar preciso. Logo, é uma ética, às vezes, imoral, que se exprime nas numerosas efervescências que pontuam a vida social. Estamos no âmago de uma estética a ser compreendida em seu sentido mais amplo. A saber, o compartilhamento das paixões e emoções coletivas.

Há um neologismo que dá conta disso: *emocional*. Ele exprime, lembremos, não um caráter psicológico individual, mas um ambiente específico no qual se banha a tribo à qual nós pertencemos. Logo, é em termos climatológicos que podemos compreender as especificidades das tribos sexuais, musicais, religiosas que, cada vez mais, vão constituir a vida social.

Mas a atmosfera é, por construção, vaporosa, evanescente, daí a necessidade de saber colocar em prática uma maneira mais qualitativa de abordá-la se queremos estar conectados com a estética relacional que tudo isso não deixa de induzir.

Os anos 50 para o *design*, os anos 60 para a emergência das emoções coletivas, o romantismo do século XIX, eis as raízes da mutação da qual não podemos mais dizer que está em gestação, tão evidentes são suas manifestações.

A época muda de pele, a época mudou de pele. Essas mudanças de pele são observadas, regularmente, no curso das histórias humanas. Há ciclos mais ou menos longos. *Corsi e recorsi,* segundo Vico. Mas, mudando de pele, o animal obtém uma nova juventude. Talvez seja assim que se deva compreender a troca de pele pós-moderna. Uma vitalidade renovada, um prazer de ser redinamizado, logo um *mais ser* cujas formas de expresão podem nos irritar, sem deixar de traduzir um querer viver teimoso e surpreendente.

Vitalidade, vitalismo e, logo, filosofia da vida, eis o que é difícil de aceitar, já que nossos sistemas de interpretação continuam obnubilados por uma melancolia onipresente. Melancolia de um paraíso perdido. Melancolia de um paraíso por vir. Foi ela que ao longo do tempo formou toda a cultura cristã: pintura, arquitetura, sistemas tecnológicos, tudo o que é marcado pelo selo da derrelição, tudo o que é obcecado pelo pecado original. Nós o encontramos, igualmente, nas teorias da emancipação, próprias dessa época dinâmica que foi o século XIX. Elas se empenhavam em mobilizar a energia coletiva visando a uma sociedade perfeita cujo porvir não deixava nenhuma dúvida.

Tudo isso foi muitas vezes dito, analisado, comentado. Mas essas *evidências* intelectuais, como ocorre frequentemente, não permitem localizar o que é *evidente.* E para fazê-lo é preciso saber descer até as fontes do estar-junto.

Isso nos levará a constatar que, quando observamos a sucessão de histórias humanas, não há outras opções além da *política* ou do *jogo.* Assim, no ritmo de um pêndulo cíclico, uma cede o lugar à outra e vice-versa. Tal movimento tomou nomes diversos. A mitologia, a literatura e talvez o pensamento filosófico ou sociológico lembraram os papéis desempenhados por Prometeu ou Dionísio. Aliás, pouco importam os nomes. Basta lembrar que são figuras emblemáticas que representam polaridades inversas, mas não menos complementares. De alguma forma, um *complexio oppositorum*.

Quando uma dessas figuras prevalece, a outra não desaparece, mas continua aí, em *mezzo voce,* esperando o ressurgimento. Assim o prometeísmo próprio do mito progressista da modernidade marginalizou a figura de Dionísio. E, obnubilado pela ideologia produtiva, ou, para retomar uma expressão marxista, pelo *Valor trabalho,* temos dificuldade de compreender, ou até simplesmente de ver, que uma inversão de polaridade está em curso, e que os valores dionisíacos contaminaram uma boa parte da mentalidade contemporânea.

Um rápido alerta semântico. Talvez seja isso que chamamos, sem muita consciência, de *societal*. Não é mais o simples social dominado pelo racional, tendo por expressão o político e o econômico, mas outra maneira de estar-junto, em que o imaginário, o onírico, o lúdico, justamente, ocupam um lugar primordial.

Nesse caso, para abordar a vida em sociedade, não é melhor saber jogar? Por que não, visto que o espírito do tempo predispõe a isso? É uma provocação? Claro que sim, se lembrarmos a etimologia do termo: "chamar antes". Ou seja, participar da dinâmica da época e apreciar a *socialidade* específica que é sua expressão. Os ranzinzas têm medo de tudo isso. Mas pouco importa, já que, além ou aquém dos julgamentos morais, o que preocupa um espírito livre é a compreensão em profundidade dessa *ética da estética* da qual ela foi objeto.

Logo, é preciso levar à sério o cimento da socialidade que é a orgia. Eu entendo esse termo não apenas como um trivial excesso sexual, ao qual quereriam reduzi-lo os que são obcecados pela miséria do mundo, mas, ao contrário, como o fato de que em certos momentos, pelas redes subterrâneas, mas não menos vigorosas, uma inegável energia percorre o corpo social.

É isso a vitalidade irrepreensível que as elites, curiosamente, se empenham em negar. O jogo das paixões, a importância das emoções, a força dos sonhos como cimento coletivo. Eis o que é a *orgia* dionisíaca. É bom lembrar que muitos foram os grandes momentos culturais que se basearam em tais premissas. E quando isso acontece, não adianta nada bancar o cavaleiro da triste figura e outros *peigne-culs de ser-*

vice[6]. Vale mais, em seu sentido pleno, concordar com o que está aí, a fim de evitar as perversões sempre possíveis. Ajustar-se ao espírito do tempo para fazê-lo o melhor possível.

É claro que para o velho Marx a coisa era, certamente, mais sutil. Mas a mecânica oposição entre *infraestrutura* e *superestrutura*, com o predomínio da primeira, passou à *doxa*[7] comum. A esse respeito, prioridade à economia, ao trabalho, ao produtivismo. É sobre tal princípio que se fundamenta o sucesso da modernidade e da performatividade. O mito do Progresso é a expressão mais clara disso. E, sem saber, sem querer, esse simplismo marxista contaminou os espíritos mais inteligentes.

Mas, em referência à mutação da qual foi

---

[6] Um *peigne-cul* é um homem que pensa estar na moda, mas está completamente defasado. O *peigne-cul* também é frequentemente avaro. [N.T.]

[7] Do grego, "opinião". [N.T.]

objeto, é preciso reconhecer que também aqui uma inversão está se operando. Inversão que força a reconhecer que é antes nas mentalidades que se operam as grandes transformações. Ou, para ser mais preciso, são as mentalidades que operam estas transformações. Não vejamos nisso um simples paradoxo, mas o reconhecimento de que outra lógica está se colocando em prática.

Lógica aliás muito antiga (aqui de novo o pêndulo da história), que traz de novo ao protagonismo social a força do espírito. O sucesso da palavra "imaginário" está aí para provar a inversão que está se operando.

Há algumas décadas, raros eram os que, como o antropólogo Gilbert Durand, apostavam um *kopeck* nas "estruturas do imaginário". Mas, como sempre, essa audácia teórica tende a se institucionalizar. E o imaginário cai bem em todos os gostos. Imaginário do político, do econômico, da educação, da moda e até das ervilhas.

Mas pouco importa que os saguis banalizem, mercantilizem, desvirtuem essa bela ideia. Isso significa, ao contrário, que não podemos negar a importância da potência espiritual, o retorno com força da cultura, a prevalência do imaterial, a presença do invisível.

Assim, quando os costumes livres e hedonistas são públicos, não se deve hesitar em dizê-lo, em apresentá-lo, em analisá-lo. Porque, como foi o caso em outros momentos, a leveza, a frivolidade, os jogos de aparências exprimem a sociedade. Isso pode parecer em contradição com o que é oficial no seu tempo. A menos que não esteja, simplesmente, avançado. É o que Cocteau ressaltava ao lembrar que "quando uma obra parece avançada em relação à sua época, é simplesmente porque sua época está atrasada em relação a ela". Ou, mais precisamente, é porque aqueles que pretendem representar a época estão uma guerra atrasados.

A estetização da existência, a arte que se capilariza no conjunto da vida cotidiana, a ênfase no qualitativo, a recusa da exploração produtivista, a rebelião contra a devastação dos espíritos, eis o que a figura emblemática de Dionísio sintetiza.

Em tudo isso há algo de *mundano*, ou seja, um apego a este mundo. Uma entrega, do jeito que dá, a esta terra, aproveitando-a sem lamentação, nostalgicamente, sem esperar com melancolia outra existência.

É recusando tal *mundaneidade* que os tempos modernos foram elaborados teorizando a perda das raízes. O que terminou no famoso e real *desencantamento do mundo* do qual Max Weber estabeleceu, corretamente, a genealogia. Perspectiva certamente olímpica[8], quando a energia individual e coletiva é voltada para o céu.

---

[8] Em francês "*ouranien*". Relativo aos deuses do céu, em oposição aos deuses ctônicos, deuses da terra. [N.T.]

A economia da salvação[9] e, depois, a economia *stricto sensu*, a história da salvação e a história segura de si mesma, terminando, tal esquema, no primado do Político. Ao contrário, Dionísio é um deus ctônico, autóctone. E é o amor de tal figura que tende a se operar uma sorte de retorno às raízes. Um *enraizamento dinâmico*, no que ele sabe mobilizar a energia para viver aqui e agora. É um tal enraizamento, do qual existem muitas expressões, que pode permitir falar de um real *reencantamento do mundo*. Momento no qual o jogo toma o lugar do político.

Conhecemos as etapas: o romantismo, o surrealismo, o objeto "*design*", a rebelião da vida cotidiana. Eis a forma como, pouco a pouco, se operou a mudança do paradigma, da qual é preciso ser cego para não ver suas diversas manifestações. O espírito sério do produtivismo moderno está sendo substituído por uma

---

[9] Em francês, *L'économie du salut*. [N.T.]

atmosfera lúdica. Às instituições racionais que conheceram seu apogeu do fim do século XIX à metade do século XX sucedem as *tribos pós-modernas,* que precisamos considerar como a causa e o efeito de uma mutação maior do que um simples sonho para alguns *happy few,* mas algo que se tornou o real para a maioria.

Tribos pós-modernas

Ah, essas *tribos* pós-modernas, depois de ter sido objeto de uma conspiração do silêncio dos mais ortodoxos, quanta tinta derramaram! Ao mesmo tempo para relativizá-las, marginalizá-las, invalidá-las e, depois, para negá-las. E, enfim, os autores dessa negação afirmam que elas estão ultrapassadas. Curiosa lógica.

Mas retornemos ao bom senso do bravo doutor Knock[10]: isso faz "cócegas", ou isso "coça" em algum lugar[11]. É certo que quando uma forma de vínculo social se sa-

---

[10] Maffesoli se refere à célebre peça de teatro de Jules Romain, *Knock ou le triumphe de la médicine*, datada de 1923. [N.T.]

[11] Em francês: "*Ca chatouille, à moins que ça ne gratouille*". [N.T.]

tura e que uma outra (re)nasce, isso se faz, sempre, em meio ao medo e ao tremor. É o que faz com que certas boas almas possam estar chocadas por este (re)nascimento, porque ele mexe um pouco com a moral estabelecida. Assim como algumas *boas almas* podem se ofuscar, já que essas tribos menosprezam, em geral, o primado do Político.

Eu disse: Política ou Jogo. E a prevalência deste último é tão evidente que a política se teatralizou, tornou-se objeto de derrisão; em resumo, foi contaminada pelo lúdico.

De toda forma, e qualquer que seja o sentimento que nutramos por elas, essas tribos pós-modernas estão aí. E ao menos que as examinemos todas, é preciso "lidar com elas", acomodar-se em relação às suas formas de ser e aparecer, com seus *piercings* e tatuagens diversas, seus curiosos rituais, suas músicas barulhentas, logo com a nova cultura da qual elas são encarnações informadas e dinâmicas.

Claro, a (re)emergência dessas novas formas de estar-junto não deixa de ser desconcertante. Mas é compreensível. Na realidade, assim como ocorre com o indivíduo, eis o que traduz um simples processo de compensação. Progressivamente, ao esquecer o choque cultural que lhe fez nascer, a civilização moderna se homogeneizou, racionalizou-se em excesso. E sabemos que "o tédio nasceu da uniformidade". A intensidade de ser se perde quando a domesticação se generaliza.

Daí, quando um ciclo chega ao fim, emerge o mecanismo da compensação. Pouco a pouco a heterogeneidade ganha terreno. Em lugar de uma razão soberana, o sentimento de pertencer retoma seu lugar. E, confrontado a uma enfadonha securitização da existência, o que Durkheim chamava de "efervescência", elemento que estrutura toda a comunidade, retorna com força de protagonista social. O gosto do risco, de uma maneira difusa, reafirma sua vitalidade. O instinto domesticado tende a se tornar mais selvagem. De várias formas, o *primitivo* é recordado como uma boa lembrança.

Mas, em uma palavra, talvez seja necessário lembrar de onde vinha esse tenaz e constante problema da *domesticação,* própria da tradição judaico-cristã, ou, melhor dizendo, da ideologia semítica. Vem simplesmente da certeza da natureza corrompida do ser humano. É isso que fundamenta a moral e, o que dá no mesmo, a política e a modernidade.

Nesse lento processo de secularização, a Igreja, e depois o Estado, cujo braços armados são o Político e a Tecnoestrutura, tiveram como função essencial corrigir o Mal absoluto e original. Trata-se de uma *missão* da qual veremos adiante a hipocrisia, que, sob diferentes nomes, vai continuamente irrigar a vida pública ocidental.

Projeto prometeico, sobre o qual jamais repetiremos o bastante que ele encontrou sua fonte na injunção bíblica de "submeter a natureza" (Gênesis, cap. 1, v.28) em seu aspecto ambiental: fauna, flora, mas também domínio do indivíduo e do social. É sobre uma tal *lógica da dominação* que será elaborado o mito do Progresso e da doutrina da igualdade social[12], que é seu corolário direto. Em termos mais coloquiais, as três fontes de alimentação de tal projeto eram o higienismo (risco zero), a moral e a sociedade no modelo da empresa "Nickel".

É preciso adicionar algo não menos importante, a especificidade cultural dessa tradição que foi o Universalismo. De São Paulo, de um ponto de vista teológico, ao Iluminismo, numa perspectiva filosófica, o que tinha sido o apanágio de algumas tribos nômades do Oriente Médio, e a seguir algo particular de um pequeno canto do mundo, a Europa, devia servir de critério ao mundo inteiro.

---

[12] Em francês: *Égalitarisme.* [N.T.]

Notemos que há fanatismo em tal pretensão. Mas foi esse fanatismo que, ao fim do século XIX, permitiu que seus valores específicos se tornassem valores universais. E, quando o imperador Meiji abriu seus portos aos navios europeus ou quando o Brasil inscreveu em sua bandeira a célebre fórmula de Auguste Comte, "Ordem e Progresso", podemos dizer que a heterogeneização do mundo atingiu um apogeu até então jamais conhecido.

Mas não podemos ignorar que existe também uma patogênese dessa pulsão dominadora. Sem falar dos etnocídios e outros genocídios culturais, não seria inútil lembrar do vínculo existente entre o mito do Progresso e a filosofia do Iluminismo, de uma parte, e os campos de concentração (em nome da pureza da raça ou da classe) e as guerras arrasadoras e suicidas do século XX, de outra.

Por ressaltar demais a moral, que, eu lembro, repousa sobre uma lógica do *dever-ser*, acabamos em excessos imprevistos. Isso se chama *heterotelia*. Obtivemos o contrário do que desejávamos. Por exemplo, a tentativa de domesticação do *animal* humano o conduziu a ser *bestial*. É isso que testemunham os diversos campos e *gulags* do século passado. Efeito perverso, mas fruto da lógica da busca da perfeição. Aqui também a sabedoria popular, seguindo Blaise Pascal, pode nos ser útil lembrar que "quem tenta bancar o anjo, banca a fera".

Aponto apenas de forma alusiva, mas há dois vícios na abordagem dos partidários do universalismo ou, o que dá no mesmo, dos protagonistas da filosofia do Iluminismo: a hipocrisia e o autoengano. Assim, R. Koselleck (*Le Règne de la critique*, 1970) bem chamou a atenção de que era sempre em nome da moral, de uma nova moral que nós queríamos governar em lugar dos que governam. Assim, falar em nome da Humanidade e da Razão é particularmente pérfido, visto que esconde (apenas) que a motivação real de todos os "moralistas" é, simplesmente, o poder.

Poder econômico, poder político, poder simbólico, este é o fim normal da filosofia da história e das filosofias morais. É sempre em nome do Bem, do Ideal, do Humano, da Classe e de outras entidades abstratas que cometemos os atos mais torpes. Há sempre entre os moralistas *um homem do ressentimento* que dorme!

Eis de onde viemos. Eis o que constitui o cérebro reptilíneo do homem moderno, e que permanece no fundamento do pensamento estabelecido e das instituições sociais. Mas essa bela construção, aparentemente inofensiva, está fissurada por todos os lados. E é de tal porosidade que as tribos pós-modernas são ao mesmo tempo causa e efeito.

Elas exprimem de uma maneira premonitória aquilo que Nietzsche denominava "a inocência do vir-a-ser". Aceitação do *amor fati.*

Aceitação desta terra, deste mundo aqui, que, contrariando a da doutrina judaico-cristã, não encontra sua origem em uma criação *ex-nihilo*, mas está aí, como um "dado" com o qual convém, bem ou mal, concordar.

Claro, tudo isso não é conscientizado, nem mesmo verbalizado como tal. Mas amplamente vivido em seu retorno às tradições, religiosas e espirituais, no exercício das solidariedades no cotidiano, na reviviscência das forças primitivas. O que conduz à (re)valorização dos instintos, das éticas, das etnias.

O que induz esta nova sensibilidade, ou poderíamos dizer este novo paradigma, é um poderoso imanentismo. Ele pode tomar formas mais sofisticadas ou mais triviais. O hedonismo, os prazeres do corpo, o jogo de aparências, o presenteísmo estão aí como tantas pontuações do que não é um ativismo voluntarista, mas a expressão de uma real contemplação do mundo.

Ou, em outras palavras, a aceitação de um mundo que não é o céu na terra, que também não é inferno na terra, mas a terra na terra.

Com tudo o que isso comporta de trágico (*amor fati*), mas também de jubilação. Deixar fazer, deixar viver, deixar ser. Eis o que poderiam ser as palavras-chave dessas tribos "inocentes", instintivas, um pouco animais e, claro, bem vivas.

A modernidade que se encerra tem, em seu sentido estrito, "desenervado" o corpo social. O higienismo, a securização, a racionalização de sua existência, as proibições de toda ordem, tudo isso tirou do corpo individual ou do corpo coletivo a capacidade de produzir reações necessárias à sobrevivência. Pareceria, retomando a expressão de Georg Simmel, que nós assistimos, com a pós-modernidade, a uma "intensificação da estimulação nervosa". O instinto, o primitivismo, nada mais é que ceder lugar aos nervos. É considerar que o próprio da natureza humana não se resume ao cognitivo, ao racional, mas a uma *complexio oppositorum* que poderíamos traduzir como uma montagem, uma tessitura de coisas opostas.

É tudo isso que convém saber ver na efervescência tribal contemporânea. Algumas dessas manifestações podem, eu disse, nos desgostar ou nos chocar. Elas exprimem, às vezes, de forma desajeitada, a afirmação de que, contrariando o pecado original e a corrupção estrutural, existe uma bondade intrínseca do ser humano. E que o estojo em que se situa, a terra, é igualmente desejável.

Mas tal imanentismo acaba na esclerose da política. Ou nisto que, após ter sido de certa forma *transfigurado*, se inverte em *doméstico*, tornando-se ecologia. *Domus, oikos,* termos que designam a casa comunitária que convém proteger dos saques aos quais a modernidade nos tinha habituado. As maquinações desse homem, "mestre e possuidor da natureza", segundo a expressão de Descartes, resultaram na devastação que conhecemos. As tribos, mais prudentes, mais prevenidas também, tratam de "maquinizar" menos os outros e a natureza, e é isso que faz suas inegáveis especificidades.

É também essa recusa da maquinação política que está na origem do medo que inspira esta nova forma de estar junto. Medo que engendra, como sempre neste gênero de sentimento, os exageros que podemos ler, aqui e ali, envolvendo as frequentes maldades cometidas pelas tribos bárbaras, em particular nas *cités*[13] e diferentes periferias urbanas. A imprensa de modo geral, e não apenas a sensacionalista, faz disso uma mina de ouro[14]. E muitos são os maus jornalistas que utilizam isso para *fazer Margot chorar*[15]. No franglês

---

[13] Condomínios residenciais de baixa renda situados nas periferias das grandes cidades francesas, onde costumam eclodir as revoltas de jovens contra o *stablishment*. [N.T.]

[14] Em francês: "faire ses choux gras". [N.T.]

[15] Expressão do francês coloquial. Margot simboliza

contemporâneo, isso se chama a procura de um furo de reportagem.

A expressão habitualmente utilizada para estigmatizar o fenômeno tribal é o termo "comunitarismo". Como toda estigmatização, originária do medo do que existe, é uma forma de indolência pela qual corremos o risco de pagar caro. Vício de linguagem muito difundido, à esquerda e à direita, que consiste em ver bárbaros por todos os lados. É também uma forma de estupidez. Na realidade, não resolvemos o que gera questões suprimindo-o magicamente ou negando-o.

Outra atitude infantil é o encantamento: repetimos as palavras, a maioria delas vazias de sentido, e pensamos assim resolver o problema. Mas, além do medo, da indolência, da estupidez e da puerilidade, o que é realmente produzido?

Foi a especificidade da organização social

---

a mulher do povo, à qual se endereçam os romances populares. [N.T.]

da modernidade reduzir tudo à unidade. Evacuar as diferenças. Homogeneizar os jeitos de ser. A expressão de A. Comte, *reductio ad unum,* resume bem tal ideal, o de uma República Única e Indivisível. E não podemos negar que se tratou de um verdadeiro ideal cujos resultados culturais, políticos, sociais são irrefutáveis. Mas, no longo prazo, as histórias humanas sempre nos ensinam que nada é eterno. E não é a primeira vez que observamos a saturação desse *ideal unitário.* Impérios romano, inca, azteca, nós poderíamos, infinitamente, multiplicar os exemplos de formas organizacionais centralizadas que se juntaram ao cemitério das realidades.

Realidades que nos forçam a constatar, como alusivamente indiquei, que a heterogeneidade está de volta. É o que Max Weber chamava de *politeísmo dos valores,* como a reafirmação da diferença, os localismos diversos, as especificidades culturais e de linguagem, as reivindicações étnicas, sexuais, religiosas, as múltiplas reuniões em torno de uma *origem* comum, real ou mistificada.

Tudo é motivo para celebrar um *estar-junto* do qual o fundamento é menos a razão universal e mais a emoção compartilhada, o sentimento de pertencimento. É assim que o corpo social se fragmenta em pequenos corpos tribais. Corpos que se teatralizam, se tatuam, se perfuram. As cabeleiras se eriçam e se cobrem de lenços, de *kipas*, de turbantes ou de outros acessórios, até – e inclusive – o lenço Hermès. Em resumo, a monotonia cotidiana ganha cores novas, traduzindo assim a fecunda multiplicidade dos filhos de deus. Porque nós sabemos que há várias *casas* na casa do pai!

Eis o que caracteriza o *tempo das tribos*. Sejam sexuais, musicais, religiosas, esportivas, culturais, ou até políticas, elas ocupam o espaço público. É uma constatação cuja negação é pueril e irresponsável. É doentio estigmatizá-las.

Nós ganharíamos mais se, fiéis à imemorável sabedoria popular, acompanhássemos tal mutação. E isso para evitar que ela se torne perversa e, depois, totalmente incontrolável. Finalmente, por que não cogitar que a *res publica*, a coisa pública, se organize a partir do ajuste, *a posteriori*, dessas tribos eletivas? Por que não admitir que o consenso social, no mais próximo de sua etimologia (*cum sensualis*), pode repousar sobre o compartilhamento de sentimentos diversos?

Já que elas estão aí, por que não aceitar as diferenças comunitárias, ajudar em seu *ajustamento* e aprender a conviver com elas? O jogo da diferença, longe de empobrecer, enriquece. Apesar de tudo, tal composição pode participar de uma melodia social com um ritmo talvez um pouco mais contrastante, mas não menos dinâmico. O ajustamento dos *samples* da música *techno* traduz, também, uma forma de cultura.

Em resumo, é perigoso, em nome de uma concepção um pouco envelhecida de unidade nacional, não reconhecer a força do pluralismo.

O centro da união pode viver na conjunção, *a posteriori*, de valores opostos. A harmonia abstrata de um unanimismo de fachada está sendo sucedida, através de múltiplas tentativas e erros, por um equilíbrio conflitual, causa e efeito da vitalidade das tribos. Não há mais lugar para ser velho ranzinza, obnubilados pelos "bons velhos tempos" de uma Unidade encerrada nela mesma. O que os filósofos da Idade Média chamavam *unicidade,* expressando uma coerência aberta, poderia ser uma boa forma de compreender uma ligação, um vínculo social fundado na disparidade, no policulturalismo, na polissemia. O que, claro, pede audácia intelectual, saber pensar no verdor de um *ideal comunitário* em gestação.

Sim, há momentos nos quais é importante estabelecer um pensamento de longo curso que seja capaz de aprender as novas configurações sociais. E, para isso, não podemos nos contentar com esses conceitos autistas, encerrados em si mesmos, o que em italiano chamamos, muito corretamente, *concetti*, visões do espírito. Em resumo, não podemos, o que é o pecadilho do intelectual, criar um mundo à imagem do que nós gostaríamos que fosse.

Audácia que nos permite compreender que, ao contrário da solidariedade puramente mecânica, marca da modernidade, o ideal comunitário das tribos pós-modernas repousa sobre o retorno de uma sólida e rizomática solidariedade orgânica.

Porque, paradoxo que não é dos menores, esta *velha coisa* que é a tribo, e suas antigas formas de solidariedade que são as vividas no cotidiano, exercidas intimamente, nascem, se exprimem, se fortalecem graças às diversas redes eletrônicas. Daí a definição que eu propus da pós-modernidade: *sinergia do arcaico e do desenvolvimento tecnológico.*

Lembrando, claro, que o *arcaico*, etimologicamente "o que está em primeiro, o fundamental", vê seus efeitos multiplicados pelos novos meios de comunicação interativos. À imagem do que foi a circunavegação na aurora dos tempos modernos, a navegação sendo a causa e o efeito de uma nova ordem mundial (o que Carl Schmitt chama de "*Nomos* da terra"), alguns sociólogos mostram bem onde a "circunavegação" própria da Internet está criando novas formas de ser, de trocar, em profundidade, a estrutura do vínculo social (www.ceaq-sorbonne.org, GRETECH, Grupo de Pesquisa sobre a Tecnologia, coordenado por Stéphane Hugon).

Não é necessário ser apaixonado pelas novas tecnologias interativas para compreender a importância dos "*sites* de relacionamentos". *Myspace, Facebook* e outros permitem aos internautas tecer vínculos, trocar ideias e sentimentos, paixões, emoções e fantasias. *You Tube* também favorece a circulação da música e outras criações artísticas. E, ultimamente, *Lively* tenta "organizar uma vida on-line" de seus usuários.

A expressão dominante, repetida até a exaustão, define a *vida comunitária*. Vemos que o medo do comunitarismo é a fantasia de outra era, estando totalmente defasado em relação ao mundo real dos que fazem a sociedade atual e certamente a de amanhã.

Graças à Internet, na realidade, uma nova ordem comunicativa está se estabelecendo. Ela favorece os encontros – o fenômeno do *flash-mob* é testemunha –, onde, por coisas fúteis, sérias ou políticas, mobilizações se fazem e se desfazem no espaço urbano e virtual. O mesmo acontece com o *streetbooming,* que permite, nas grandes metrópoles contemporâneas, nestas selvas de concreto que favorecem o isolamento, que pessoas, conectando-se à Internet, se encontrem, se falem, se conheçam, criando assim uma nova forma de estar junto, fundada sobre o compartilhamento da criatividade.

Tais redes on-line, assim como os fenômenos de encontros que elas estimulam, deveriam nos chamar atenção para uma socialidade específica na qual o prazer lúdico reforça a simples funcionalidade. É interessante, aliás, notar que utilizamos, cada vez mais, o termo *iniciados* para caracterizar os protagonistas desses *sites* de encontros.

Iniciação a novas formas de generosidade, de solidariedade em minúsculo que não tem nada a ver com o Estado de Bem-Estar Social e sua visão transbordante. Se, como indica Hélène Strohl, "o Estado social não funciona mais" (Albin Michel, 2008), é porque é na base, no ambiente comunitário, graças às técnicas interativas, que se difunde a ajuda mútua em todas as suas formas. Curioso retorno a uma *ordem simbólica* que acreditávamos ultrapassada.

Mas, para compreender bem tal *ordem*, é importante implementar não apenas um pensamento crítico, ou seja, judicativo, mas um questionamento bem mais *radical*, capaz de abordar os mistérios da socialidade. Na realidade, há no âmago mesmo do desenrolar histórico, assim como na ação política, um princípio secreto que é preciso saber descobrir.

Não é isso que nos diz a verdade, em sua origem grega, *aletheia*, o que desvela o oculto? Ainda é preciso que saibamos respeitar o que está oculto! Estranho paradoxo do pensamento radical: saber dizer claramente o que é complicado, mas reconhecendo que os "segredos" do ser individual ou coletivo continuam a ser uma realidade interessante. É esta a *lição das coisas* que, sempre, nos dá a existência. É isso que constitui o mistério da vida.

Nos traços do romantismo, e depois do surrealismo, os situacionistas, nos anos 60 do século passado, partiram à procura dessa mítica "passagem do nordeste" que se abre para horizontes infinitos. E, para tanto, se implanta uma psicogeografia, ou uma *deriva*, que lhe permite descobrir que além da simples funcionalidade da cidade existe um *labi-*

rinto do vivido mais profundo que assegura, invisivelmente, os fundamentos reais de toda existência social.

Podemos extrapolar tal questionamento poético-existencial, e os mistérios da cidade podem ser úteis para compreender uma estrutura tácita que, em certos momentos, assegura a perpetuação da vida em sociedade. Tácito: que não se exprime verbalmente, que está subentendido. Implícito: que vai fazer seu ninho no âmago do mistério e do inconsciente coletivo.

Jean Baudrillard, no seu tempo, havia chamado atenção para esta "sombra das maiorias silenciosas", esse "corpo mole" do social. De minha parte, de diversas maneiras, analisei a centralidade subterrânea, a socialidade no *black* e outras metáforas que indicam a retirada do povo para seu Aventino. *Orfandade* da tradição mística que volta, sub-repticiamente, à moda!

Tal retirada é frequente nas histórias da humanidade. E ela é sempre o indício de um pedido de reconhecimento. Contra o patriciado romano, o povo apela aos seus direitos. O mesmo acontece hoje em dia. E a demanda implícita, silenciosa, que tem dificuldade de se formular, necessita que saibamos fazer uma espécie de geomorfologia da vida social. No caso, estar à procura de estruturas heterogêneas que a constituem.

Mas continuemos nesta ambivalência, esta bipolaridade entre o que está em retirada e o que se mostra. Ainda mais retirado quanto mais for ressaltado. Lembremo-nos aqui do comentário que Lacan fez do conto de Edgar Poe "A carta roubada". É porque ela está lá, no alto da chaminé, que o comissário que está a sua procura não a vê. E, como um eco, escutemos o conselho de Gaston Bachelard: "Só existe ciência daquilo que é oculto".

Esclarecendo: este *oculto* nos cansa os olhos. E por pouco que levemos a sério a teatralidade dos fenômenos, este *theatrum mundi* de longa memória, saberemos ver novos modos de vida em gestação. Além de nossas certezas e convicções políticas, filosóficas, religiosas, científicas, convém prestar atenção simplesmente, humanamente, ao que se pode ver. Buscar o essencial no inaparente das aparências da vida cotidiana, dos prazeres menores e de pouca importância que constituem a terra fértil onde cresce o estar-junto. Isso não é cultura? "Os aspectos mais importantes para nós são ocultos por causa de sua banalidade e de sua simplicidade" (Wittgenstein).

Talvez seja a partir de tal princípio de incertitude que seremos capazes de fazer um bom prognóstico. Ou seja, ter a *intuição* dos fenômenos, esta visão do interior que faz tanta falta à paranoia tão frequente nas elites. A partir de então, o olhar que penetra nos permitirá ver o núcleo fatídico das coisas.

Fatídico porque não somos seus senhores. Ele vem de longe, e não se deixa dominar pela pequena razão instrumental própria à modernidade. Núcleo arquetípico do qual é importante ressaltar a fecundidade.

Rumo à guerra civil?

Eu já disse, é urgente que ajustemos as palavras e as coisas. Que atribuamos a estas uma intrepidez de boa qualidade. Que devolvamos o equilíbrio a essas análises tortuosas, em total defasagem em relação ao *senso comum*, que sabe – aliás, sabe por ter introjetado – que não há livros bons que não sejam bravos. Porque, como lembrava André Gide, não escrevemos literatura com bons sentimentos. O mesmo serve para o pensamento, quando ele segue centrado na vida cotidiana.

Na realidade, o trabalho do pensamento consiste em *transfigurar* o que nós vemos, o que sentimos, o que pressentimos. Ou, para usar uma metáfora, ser um escavador de ideias. Fazer brilhar a ideia escavando, como fazemos faíscas com a pedra na qual batemos. É assim que podemos prestar atenção na invencível memória que, indomavelmente, perfura ao mesmo tempo o corpo individual e o corpo coletivo.

É assim, da mesma forma, que podemos compreender as verdadeiras revoluções, que intervêm, regularmente, ciclicamente, nas histórias humanas. Porque para todo homem honesto, seja muito ou pouco letrado, o sentido da palavra revolução é preciso: *revolvere*, o que faz sempre retornar, como um círculo. Eu diria como uma *espiral*, o que o linearismo mecânico, ou o progressismo ingênuo acreditava relegado às eras revolutas e obscuras da infância da humanidade. Ora, a radicalidade do pensamento, se quer convergir para *o que é*, deve, justamente, reencontrar as raízes profundas da natureza humana: instintos, emoções, paixões e afeições diversas que constituem a terra fértil na qual crescerão as diversas culturas.

É um lugar comum da doxa moderna a precoce interpretação do pensamento hegeliano segundo o qual o que é real seria racional, e o que é racional seria real. É sobre esta base que repousa o conceito central da opinião sábia, a cisão (Entzweiung) entre a natureza e a cultura, o corpo e o espírito, a infraestrutura e a superestrutura, a razão e o sensível... Separação que permite a emergência do sujeito e de sua liberdade.

É sobre tal fundamento que, progressivamente, se instaura o individualismo próprio da burguesia moderna, assim como todas as instituições sociais correlativas do contrato social que, é sempre conveniente lembrar, são causa e efeito de um *estar junto* puramente racional. Nós vemos como tal racionalismo é pertinente para compreender e eventualmente explicar o forte retorno do emocional! Aliás, porque elas não compreendem mais nada do desenvolvimento *societal* é que não querem admitir que as elites fazem o papel de fanfarrões, que se escondem atrás dos dedos levantados de uma maneira peremptória e pretensiosa. Com ares de anão de jardim, atrás de suas barbas estilo Terceira República ou, como lembrei em "Iconologias: nossas idol@trias pós-modernas" (*Iconologies, nos idol@tries postmodernes*, Albin Michel, 2008), atrás de suas barbas de três dias, são falsos professores e verdadeiros crápulas.

Por que falsos professores? Porque se aproveitando de suas posições – eles têm o poder legítimo de falar, de publicar, de escrever, de agir, de organizar – continuam a instigar e praticar as ideias de um mundo que se dirige ao fim, cegos que são em relação ao mundo que se inicia. Isso acontece porque, inconscientemente, mas não com menor eficácia, eles freiam com os dois pés aquela "circulação das elites" da qual Vilfredo Pareto demonstrou o caráter inelutável.

Por que verdadeiros crápulas? Por que fazendo isso, de maneira um pouco irresponsável, são eles que suscitam as diversas explosões, incivilidades e diversas formas de violências que pontuam a vida em sociedade. Trata-se de um paradoxo? De uma provocação de minha parte? De maneira alguma. Porque é quando uma elite não encontra mais palavras *pertinentes* que a *impertinência*, sob formas anódinas e explosivas, tende a se propagar.

Quando as ideias oficiais não estão mais em acordo com a existência, somos confrontados a uma *ficção da representação*. Como não é mais o povo que é *representado,* mas as instituições estatais, burocráticas e outras, não é surpreendente que se multipliquem os atos de rebelião e revolta. É nesse sentido que as elites defasadas são os furrieis[16] da

[16] Do francês, "fourier". Antiga patente do exército, situada entre cabo e sargento, responsável pela logística e pela manutenção de um quartel. [N.T.]

guerra civil latente, um elemento notável de nossa época.

São crápulas porque é na impunidade total que escrevem suas "teorias" incendiárias, enviando à frente de batalha os ingênuos, alguns dos quais continuam presos por tentar pôr em prática os esfumaçados sonhos de emancipação dos que agora se tornaram celebridades da contestação.

Na realidade, há não muito tempo alguns sociólogos e jornalistas revolucionários, em nome do livrinho vermelho de Mao, justificavam os abusos desse totalitarismo e, por consequência, os diversos campos de concentração chineses ou os massacres cambojanos. Eles pensavam até mesmo poder aclimatar campos de "reeducação" na França (conferir o livro *inesquecível* de Baudelot e Establet *L'Ecole capitaliste*, 1973). São os mesmos que continuam a fazer a lei nas

IUFM[17] e outras escolas normais, ditando regras do método sociológico para a educação. Haveria razão para que tremessem de pavor! Mas não, com a ajuda do conformismo e da covardia intelectual, eles podem continuar a destilar suas insanas teorias de outra época.

O apelo à guerra civil (pensemos aqui no jornalista Serge July, *Vers la Guerre Civile*, JCLattès, 1969) era mesmo muito chique nos salões descolados do triângulo de ouro parisiense. E no quinto, sexto e sétimo distritos de Paris, os burguesinhos excitadinhos causavam um pouco de medo manuseando explosivos... de pensamento. A crítica das armas seguindo, naturalmente, as armas da crítica.

---

[17] Na França, Instituts Universitaires de Formation des Maîtres (Institutos Universitários de Formação de Professores). [N.T.]

Depois disso, com a ajuda da idade e dos psicotrópicos, os revolucionários de pijama se acalmaram, acumularam gordura ruim e tomaram ares de tabeliães, tornaram-se senadores, diretores de publicações, professores universitários, altos funcionários públicos e outras funções gratificantes. Mas é no desempenho de suas funções que cooptam seus *herdeiros* e, sobretudo, os formam. Para quê? Para menosprezar este mundo?

O terrorismo verbal deles e o totalitarismo teórico não mudaram verdadeiramente de natureza mesmo se eles adotam formas mais adocicadas. Boris Souvarine, um bom conhecedor de Stalin, disse, corretamente, a propósito dos stalinistas, de maneira um pouco cruel: "não é porque uma p... troca de calçada que ela deixa de ser uma p...". O que, eu reconheço, não é muito gentil para os prostituídos, qualquer que seja seu gênero, quando sabemos o papel antropológico que eles desempenharam na história da humanidade!

O que tal brincadeira evoca é que, como um efeito de estrutura, o totalitarismo continua inteiro e atuante entre os que julgam *o que é* em função do que *deveria ser.* Em função do que eles gostariam que fosse. Nesse sentido, as elites plenas de ressentimentos em relação ao simples *prazer de ser* ou às alegrias comuns da vida cotidiana baseiam sua estrutural melancolia nesta antiga concepção augustina, considerando que *o mundo é imundo.*

As teorias da emancipação do século XIX, como o marxismo, substituem-nas, polindo as armas da crítica contra *a infâmia do existente* (Georg Lukacs). E, a seguir, como diz Lou Andréa-Salomé (*Ma vie*), o freudismo considerará que o homem esclarecido pela razão deve ser um "cavaleiro do ódio". Ou seja, aquele que, por construção, deve dizer sempre não ao que é.

Considerar este mundo imundo, infame, negá-lo, eis as raízes, mais ou menos conscientes do homem do ressentimento moderno. Jansenismo, marxismo, freudismo, eis as três tetas nas quais mamou o senso comum das elites contemporâneas.

Políticos, jornalistas, intelectuais, *culturais,* trabalhadores sociais e "experts" de todo gênero, todos postulam o dualismo mortífero entre o Bem e o Mal, o Verdadeiro e o Falso, o Justo e o Injusto, o Perfeito e o Imperfeito, a Civilização e a Barbárie... (eu deixo a você, leitor, continuar essa litania). Que fique bem entendido que, nesta dicotomia, eles devem encarnar o Bem, o Verdadeiro, o Justo...

Daí a grande quantidade de ensaios, artigos, discursos, tratados sábios de ideias convencionais. Produções relaxadas, de uma chatice mortal e que mereceriam ser reembolsadas pelo Seguro Social por substituir soníferos e outros neurolépticos! O que em si seria um mal menor, se não se traduzisse em uma fundamental perversão do papel das elites, o de saber *discernir*, ou seja, apreciar com correção o que é vivido. Saber encontrar as palavras que exprimem bem as coisas.

Uma manifestação de tamanha falta de discernimento é a submissão à economia, à produção, ao trabalho. Que a expressão *Valor trabalho* seja um encanto, constantemente repetido na produção arrastada da qual ela é objeto, é um sinal evidente da marxização das elites. Ou seja, de sua defasagem.

Na realidade, ser uma máquina de produzir e consumir está longe de ser um ideal predominante. Ao privilegiar uma tal "infraestrutura", ao negligenciar as forças do qualitativo, do hedonismo, tudo isso testemunha a incapacidade de pensar as múltiplas revoltas contra uma tal "maquinização" do mundo. Revoltas às vezes brutais e depredações de vitrines quando de manifestações são seus símbolos, ou revoltas em *mezzo voce*, que podem ser ir do absenteísmo à escolha do trabalho temporário, passando pelo engajamento em organizações humanitárias ou outras formas de voluntarismo.

Valor-Trabalho, trabalho como valor essencial, trabalho que permite a *realização* de si e do mundo. Eis o que foi o pivô da vida social elaborada a partir do século XIX. Tratava-se de um *imperativo categórico* ("você deve") incontornável, que irrigava todos os discursos educativos, políticos, sociais, e repousava sobre este pressuposto produtivo muito bem simbolizado pela fórmula poética de Goethe, que corrigia a sua maneira o início do evangelho de São João: "No início era a ação".

As revoltas das quais ele foi objeto, a impressão difusa de uma insurreição dos espíritos, sublinham a saturação dessa grande ideologia prometiana ou faustina. O que cede lugar a uma outra forma de se relacionar com os outros e o mundo.

Fazer da vida uma obra de arte, não perder a vida tentando ganhá-la, acentuar o qualitativo da existência.

Eis algumas apresentações do ambiente criativo que caracteriza a pós-modernidade. Desde então o trabalho é apenas optativo. Em lugar do "você deve", o "seria bom". Não é a primeira vez que, na história humana, a criação é motor principal da cultura. O Quatrocento, Florença, a bela, a Viena do fim do século, o século XVII francês, o Renascimento são testemunhas disso.

Por que não admitir que tal *ideal criativo* move profundamente o imaginário social?

Por que não admitir que há, no inconsciente coletivo, uma necessidade real de aventura? O que nos obriga a abrir os olhos para a fibra nômade, de fato a obra na vida social, e que nós encontramos, por exemplo, em todos os jovens que, atualmente, se expatriam para viver uma aventura existencial e profissional.

Há nos ares do tempo uma espécie de *far niente*, em construção nas tribos urbanas. Seus adornos chamativos, seus modos mutantes, suas citações barrocas, suas invenções linguísticas, sua abertura ao mundo anunciam algo além de uma geração perdida ou entregue a devoções econômicas. Trata-se de uma criação um pouco confusa, sem mensagem específica, que pena para sair de sua carapaça, mas que sublinha o fato de que um novo paradigma está em construção.

Criação, aventura, sede de infinito, integralidade da pessoa, coisas que evocam mais aos sentimentos do que a simples razão. Mas coisas que estão de acordo com o ambiente geral. O verdadeiro imaginário da época. É em função deste que, de um lado, convém lutar contra o conformismo do pensamento, este "*correct-*

ness" onipresente, mas também, de uma forma mais ofensiva, saber perceber e se referir a um *contra-cânone*, a autores sulfurosos, às vezes malditos, mais prospectivos e aguçados.

Porque, assim como ressaltava Nietzsche, "o amolecimento e o moralismo são a maldição do homem". Amolecimento do pensamento e moralismo da ação são duas faces de um ressentimento que incita à recusar este mundo, esta sociedade, em função de um mundo e de uma sociedade sempre *por vir.*

O que parece em jogo no apocalipse contemporâneo é que ele desvela, desmascara (*apokalupto, Dictionnaire étymologique* de Pierre Chantraine) as nostalgias de um paraíso perdido e as melancolias de um paraíso futuro. Fazendo isso, ele *descobre* o que este mundo tem de autossuficiente.

O contracânone que trabalha no inconsciente coletivo é como um eco longínquo da obra de Spinoza, de Proudhon, ou de Bakunin. Ou seja, de autores que retiram o Deus único de sua postura transcendental e fazem o mesmo com o Estado transbordante. Sensibilidade panteísta com ênfase na imanência do divino e da potência societal.

É o que, contrariandio o menosprezo do que é, vai celebrar o "mundano", a mundaneidade, o intramundano. Não, claro, no sentido trivial que costumamos atribuir a esses termos, mas em seu significado radical: o que nos mantêm atrelados aqui. O que nos faz *estar aqui, ser o aqui, ser daqui.* O que, com persistência, a meditação de Heidegger sobre *Dasein* se empregou em pensar.

Convenhamos, há nesse ponto uma mudança profunda, uma mutação, uma troca de pele. Apocalipse, eu disse, que reclama a elaboração de um pensamento *radical*, em lugar de nossa habitual e moderna atitude crítica. Radicalidade que se enraíza no que está aí. E, a partir de então, pensamento concreto, ou seja, que cresce com o que está aí.

Radicalidade que nos obriga a repensar as características essenciais do estar junto. Onde está o *consensus* necessário a toda vida em sociedade?

O "contrato social" que se estabeleceu a partir do século XVIII, contrato social de essência racional, que privilegia o cérebro, domestica as paixões e marginaliza as emoções, está, de muitas formas, totalmente saturado. A Lei do Pai, de um Deus único, ou de um Estado onipotente, do patriarcado e da predominância do masculino, faz parte do passado.

É, a partir disso, interessante ouvir o uso, sob formas múltiplas, do termo PACTO. Pacto ecológico, pacto presidencial, pacto entre Estado e pacto afetivo. Tudo isso sublinha que, em seu sentido etimológico, o consenso (*cum sensualis*) não se reduz à racionalidade, mas comporta uma forte carga emocional. Põe em jogo paixões a afeições diversas. A mudança sutil das palavras, de contrato para pacto, é muito significativa.

A terra mãe, "Gaia", retorna em sua homenagem, e a *lei dos irmãos*, constituída de horizontalidade, tende a encontrar alguma força e vigor. Eis o desafio que nos foi feito pela sociedade pós-moderna. Ela é mais *autóctone*, vinculada a esta terra, e também mais sensível – os humores individuais e sociais ocupam um lugar.

Recuperando uma expressão do sociólogo Max Scheler, está em marcha um *Ordo amoris*, que dá prioridade ao sentimento de pertencimento e à experiência vivida. Tudo isso se enraíza no aqui e agora. Seja no do território *stricto sensu*, ou no dos territórios simbólicos que são os sites de comunidades na Internet. Neles, todos se dedicam a usufruir algo do que está para ser visto, do que está para ser vivido. E tudo sob um pacto tribal.

Le Chalps

(Noite de 4 de agosto de 2008)

OBSERVATÓRIO-GRÁFICO

Edição de livros, revistas e peças gráficas

51 3226-3560 / 84963690

observa@ig.com.br

Este livro foi confeccionado especialmente
para Editora Meridional em Times 11/13 e impresso na

www.graficametropole.com.br
comercial@graficametropole.com.br
tel./fax + 55 (51) 3318.6355